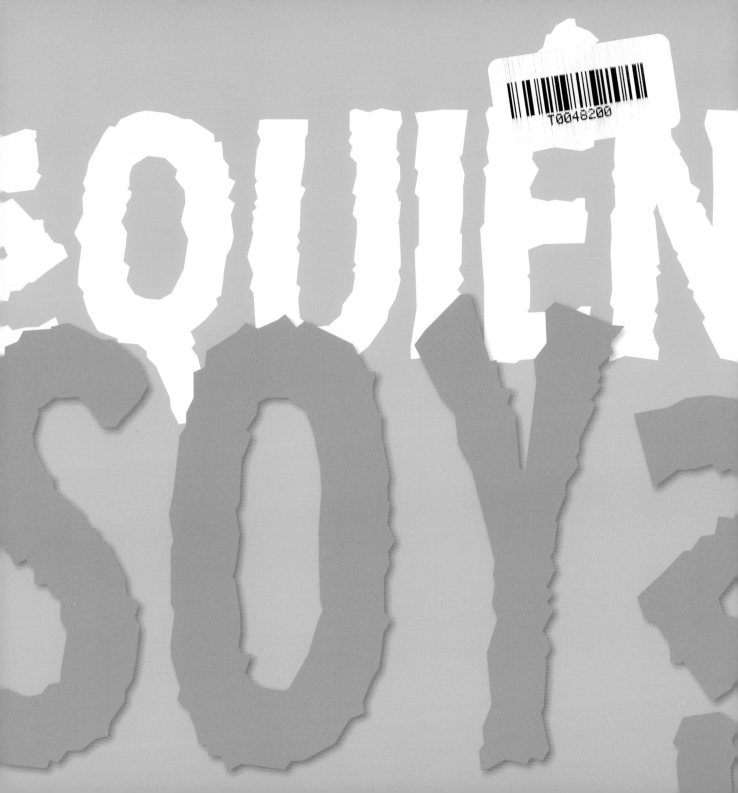

¿Quién soy?

EL PÁJARO

Montse Ganges
Anna Clariana

www.combeleditorial.com

SOY UN CANARIO DE COLOR AMARILLO...

Soy un canario de color amarillo...

2

...Y ME LLAMO LIMÓN.
¿SABES POR QUÉ?

...y me llamo Limón.
¿Sabes por qué?

4

SOY UN PERIQUITO DE COLOR AZUL...

Soy un periquito de color azul...

6

...Y ME LLAMO CIELO.
¿SABES POR QUÉ?

...y me llamo Cielo.
¿Sabes por qué?

SOY UNA COTORRA DE COLOR VERDE...

Soy una cotorra de color verde...

...Y ME LLAMO HOJA.
¿SABES POR QUÉ?

...y me llamo Hoja.
¿Sabes por qué?

SOY UNA CACATÚA DE COLOR BLANCO...

Soy una cacatúa de color blanco...

14

...Y ME LLAMO NIEVE.
¿SABES POR QUÉ?

...y me llamo Nieve.
¿Sabes por qué?

16

YO SOY UN CARDENAL DE COLOR ROJO.

Yo soy un cardenal de color rojo.

18

TODO EL MUNDO ME LLAMA TOMATE
Y NO SÉ POR QUÉ. ¿LO SABES TÚ?

Todo el mundo me llama Tomate
y no sé por qué. ¿Lo sabes tú?

¿RECUERDAS NUESTROS NOMBRES?

LIMÓN

CIELO

HOJA

NIEVE

TOMATE

LOS PÁJAROS SOMOS ANIMALES DE COMPAÑÍA.

AHORA YA NOS CONOCES. SI ALGUNA VEZ TIENES UN PÁJARO EN CASA, CUÍDALO BIEN, ¿EH?

Ahora ya nos conoces. Si alguna vez tienes un pájaro en casa, cuídalo bien, ¿eh?

24